Ça ne l'est pas.

Ça ne l’est pas.

Ça ne l’est pas.

Ça ne l’est pas.

Ça ne l’est pas.

Ça ne l’est pas.

Ça ne l’est pas.

Ça ne l’est pas.

Ça ne l’est pas.

Ça ne l'est pas.

Ça ne l’est pas.

Ça ne l’est pas.

Ça ne l’est pas.

Ça ne l’est pas.

Ça ne l'est pas.

Ça ne l’est pas.

Ça ne l’est pas.

Ça ne l'est pas.

Ça ne l'est pas.

Ça ne l'est pas.

Ça ne l’est pas.

Ça ne l’est pas.

Ça ne l'est pas.

Ça ne l’est pas.

Ça ne l'est pas.

Ça ne l’est pas.

Ça ne l’est pas.

Ça ne l’est pas.

Ça ne l’est pas.

Ça ne l’est pas.

Ça ne l’est pas.

Ça ne l’est pas.

Ça ne l’est pas.

Ça ne l'est pas.

Ça ne l’est pas.

Ça ne l’est pas.

Ça ne l’est pas.

Ça ne l’est pas.

Ça ne l’est pas.

Ça ne l’est pas.

Ça ne l’est pas.

Ça ne l’est pas.

Ça ne l’est pas.

Ça ne l’est pas.

Ça ne l’est pas.

Ça ne l’est pas.

Ça ne l’est pas.

Ça ne l’est pas.

Ça ne l'est pas.

Ça ne l’est pas.

Ça ne l’est pas.

Ça ne l’est pas.

Ça ne l’est pas.

Ça ne l’est pas.

Ça ne l’est pas.

Ça ne l’est pas.

Ça ne l’est pas.

Ça ne l’est pas.

Ça ne l’est pas.

Ça ne l’est pas.

Ça ne l'est pas.

Ça ne l’est pas.

Ça ne l’est pas.

Ça ne l’est pas.

Ça ne l’est pas.

Ça ne l’est pas.

Ça ne l’est pas.

Ça ne l’est pas.

Ça ne l’est pas.

Ça ne l’est pas.

Ça ne l’est pas.

Ça ne l’est pas.

Ça ne l’est pas.

Ça ne l’est pas.

Ça ne l’est pas.

Ça ne l’est pas.

Ça ne l’est pas.

Ça ne l’est pas.

Ça ne l’est pas.

Ça ne l’est pas.

Ça ne l’est pas.

Ça ne l’est pas.

Ça ne l’est pas.

Ça ne l’est pas.

Ça ne l’est pas.

Ça ne l’est pas.

Ça ne l’est pas.

Ça ne l’est pas.

Ça ne l’est pas.

Alors change ; )

Printed by Amazon Italia Logistica S.r.l.
Torrazza Piemonte (TO), Italy

59507425R00057